Weggefatzt · Erbses Klettercomics Band 6

TOMMI KENSY
TOBI BURKART
UND DEM STOCKER PETER

Erste Auflage 2009

Golterstraße 12
D-73257 Köngen
www.panico.de
Tel. +49 (0) 7024 82780
Fax +49 (0) 7024 84377

ISBN 978-3-936740-61-5

BAND

Der VI. Grad – äußerst schwierig

Außergewöhnliche Schwierigkeit. Kleinste Griffe und Tritte verlangen außergewöhnliches Gleichgewichtsempfinden und hervorragende Fingerkraft (intensives Klettergarten-Training erforderlich). Immer große Exponiertheit, oft verbunden mit winzigen Standplätzen. Zwischensicherungen in kürzeren Abständen. Immer sehr kraftraubend, nur außergewöhnlich guten, besonders ausdauernden Kletterern mit jahrelanger hochalpiner Erfahrung vorbehalten. Doppelseil unabdingbar. In der Regel kombiniert mit künstlicher, nach der E-Einstufung zu bewertender Kletterei; dann immer großer Aufwand an Haken, Karabinern und Trittleitern.
Mit VI+ wird eine Freikletterstelle bezeichnet, deren Überwindung für die besten Felskletterer in Hochform, bei günstigsten Verhältnissen (trockener Fels), unter optimaler Ausnutzung der Felsbeschaffenheit (Griffe, Tritte; Reibung) und beim heutigen Ausrüstungsstand (Profilgummisohle) immer **ein Gang an der Sturzgrenze** bedeutet. Meist nur auf wenige Meter beschränkt. Im Hochgebirge seltener als in Klettergärten. Eine Passage im Schwierigkeitsgrad VI+ ist definitionsgemäß bei winterlichen Verhältnissen ohne zusätzliche Haken als Fortbewegungshilfe in der Regel unbezwingbar.

(Walter Pause und Jürgen Winkler: Im extremen Fels, BLV-Verlag München 1977, S.208)

GO CLIMB A ROCK

CAFETERIA
Red Chili
VAU
SOLO
DAV
CLIMB!
klettern drinnen und draußen
Tankwort
AM LIMIT
KLETTERKÄFIG-XL
Wieso ausgerechn
klettern?!?
Erbse on Tour '07
X-TREM
Erbse '07

UND WIEDER EINMAL...
EINE NICHT GANZ GLÜCKLICHE GESCHICHTE...
NAJA, - UND GLEICH WIEDER SO EINE FÄKALNUMMER ...
ABER, SORRY, ES GIBT GESCHICHTEN, AN DENEN KOMM' ICH NICHT VORBEI.
SOWAS MUSS RAUS.
ES WAR EINMAL EINE FIDELE TRUPPE AUF DER STRASSE NACH SÜDEN...
PEACE
Autoroute du Soleil
PAS D'EUROCARD, WIESO PAS D'EUROCARD ?!
FRANKREICH N'EST PAS EUROPE, ODER WAS ?!?
DIE VORFREUDE WAR GROSS, DER SÜDEN ABER IST WEIT.
ENTSPRECHEND AUSGELAUGT ERFOLGTE DER ZIELEINLAUF.
ABER DA WAR ER.
BAR
TABAC
VIN DU PAYS
DER SÜDEN!
UND DA WAR SIE.
DIE ERSTE LAUE NACHT IM GELOBTEN LAND DER KLETTERTRÄUME.

NUN IST DAS ABER EINE BRISANTE MISCHUNG:
AUF DER EINEN SEITE DER VERTROCKNETE KADAVER ...
AUF DER ANDEREN LOCKT DAS RAUSCHENDE LEBEN.
NUN, ES WAR KURZ UND HEFTIG,
DER ABEND EINER DER DENKWÜRDIGEN UND DIE MEISTEN AUCH BALD IM SCHLAFSACK.
NUR DER EINE KOLLEGE FAND WIEDER MAL KEIN ENDE
BLOSS: WAS REIN GEHT, -
MANNNN, MUSISCHIFFN...
MUSS AUCH WIEDER RAUS:
OHHHHJA...
BRAAZZ
HOPPLA
ALSO.
WIE SOLL ICH DAS SAGEN.
ES GIBT ZUSTÄNDE PHYSIO-PSYCHISCHER ENTGRENZUNG ...
DA KLAPPT DAS NICHT MEHR SO MIT DER KONTROLLE DER KÖRPERFUNKTIONEN ...
WAS ALSO SINNGEMÄSS ALS KLEINE SACHE GEDACHT WAR,
OH NEHHHHH ...
WAR UNVERHOFFT GANZ GROSS HERAUSGEKOMMEN
MIT EINEM WORT: MAN HATTE SICH EINGEKOTET.
SCHÖNE SCHEISSE !

JEDER KLETTERER WEISS, DASS EXTREME SITUATIONEN BLITZARTIG ZU GLASKLAREN GEISTES-ZUSTÄNDEN FÜHREN.
JETZT WAR SPONTANES KRISENMANAGEMENT ANGESAGT ...
OH GOTT! OH NEIN!
ICH ...
ICH MUSS DIE HOSE VERBUDDELN!!!
GESAGT, GETAN:
HECHEL
SCHNAUF
RÖCHEL
NA, UND DAS WÄR'S DANN WOHL GEWESEN.
KEIN MENSCH HÄTTE JE DAVON ERFAHR-EN
DIE SACHE WÄRE KEINEN BLEISTIFTSTRICH WERT GEWESEN.
ABER ANDERNTAGS:
WO IS'N EIGENTLICH DER AUTOSCHLÜSSEL?
??!
... UND ÜBERHAUPT KEINE ERINNERUNG MEHR WO SICH DAS NÄCHTLICHE BEGRÄBNIS VOLLZOGEN HATTE ...
FILM-RISS
TCHA. SO KANN'S GEHEN
WENN IHR ALSO MAL WIEDER AUF DEM PLATEAU DU VAUCLUSE UNTERWEGS SEID WUNDERT EUCH NICHT ÜBER DIE ZERKLÜFTETE LANDSCHAFT ...
ICH GLAUBE ER BUDDELT IMMER NOCH.

NR2...

NIE HÄTTE ICH GEDACHT DASS ES MAL SO WEIT MIT MIR KOMMT ...
ICH BIN EIGENTLICH GAR KEIN KLETTERER MEHR ...
HAUS, HOF, JOB, FAMILIE ...
DAS ALLES HAT SICH DERMASSEN BREIT GE-MACHT IN MEINEM LEBEN ...
DIE KLETTEREI IST ZUR RANDERSCHEINUNG VERKOMMEN ...
EINE UNBEDEUTENDE FUßNOTE MEINER EXISTENZ ...
IST DOCH NICHT WAHR!
BEI DIR DREHT SICH NACH WIE VOR ALLES UMS KLETTERN!
JAAAA, THEORETISCH VIELLEICHT.
ALS COMIC AUF DEM PAPIER.
VERTIKALE ERSATZBEFRIEDIGUNG MIT DEM ZEICHEN-STIFT
DAS IST DOCH ERBÄRMLICH!
ICH MUSS ENDLICH MEINEN BOULDERRAUM IN DIE SCHEUNE BAUEN!
UND DANN GREIF' ICH WIEDER AN!!
DANN WIRD WIEDER KNÜPPELHART TRAINIERT!!!
UND DER KLEINE IST JA AUCH LANGSAM SO WEIT.
BALD ZIEHEN PAPA UND SOHNEMANN ZUSAM-MEN LOS UND GEBEN VOLLGAS AN DEN FELSEN DER WELT!
ACHJA ... ÜBRIGENS: WEISST DU WAS ?!?
ICH BIN MIR ZWAR NOCH NICHT GANZ SICHER ...
ABER ICH GLAUBE ICH BIN WIEDER SCHWANGER.
FREUD & LEID SIND NUR UNTERSCHIEDLICHE PERSPEKTIVEN AUF'S GLEICHE PHÄNOMEN ...

NACHKOMMEN !!
FRRCHHH
PÜHHHH

PRINZIPIELL...
GIBT ES ZWEI ARTEN VON KLETTERERN ...
DIE EINEN HABEN IHRE EXPRESSSCHLINGEN SO AM GURT :
DIE ANDEREN SO:
NA GUT, SOLL JA JEDER MACHEN WASSER WILL,
ABER ES ZEUGT SCHON VON EINER GEWISSEN GEFÜHLSKÄLTE, WENN MAN EMPFINDLICHE KARABINERNASEN SO MIR-NICHTS-DIR-NICHTS IN EINEN STINKENDEN HÜFTGURT DRÜCKT ...
ICH MEIN', IHR HABT DOCH AUCH IM ZWEIFEL LIEBER DEN FREIEN BLICK,
ALS DAS BRETT VOR'M KOPF, ODER ?!?
UND DANN GIBT'S NOCH DIESE KOMISCHEN VÖGEL, DIE DIE EXENKARABINER GEGENGLEICH EINHÄNGEN ...
ALSO DAS GEHT GAR NICHT !
WENN IHR SOWAS MIT EUERN KLETTERPARTNERN MACHT,
KLETTERT IHR BALD NUR NOCH SOLO.

KLETTERN GEHEN ...

HO:DR 921
DAS GLEICHE IST HALT NICHT DAS SELBE

DEUTSCHLAND IM HERBST 2006

NÜRNBERG.
SCHALLMAUERDURCHBRUCH IM FRANKENJURA.
WIE DIE DPA SOEBEN VERMELDET, HAT DER FRÄNKISCHE KLETTERER MARKUS BOCK DIE LINIE RECHTS VON "BURN 4 U" IM FRÄNKISCHEN AILSBACHTAL DURCHSTIEGEN. DEM VERNEHMEN NACH IST DIESE ROUTE DEFINITIV SCHWERER ALS DAS INTERNATIONAL RENOMIERTE TESTPIECE "ACTION DIRECTE".
DAMIT IST DIE SEIT 15 JAHREN ZEMENTIERTE GÜLLICH-SCHALLMAUER DURCHBROCHEN.
TJA.
UNSERE WELT SCHEINT WIEDER EINMAL EIN STÜCK SCHWIERIGER GEWORDEN ZU SEIN...
NA KLAR.
DIE HABEN HALT KEINEN BOCK!!

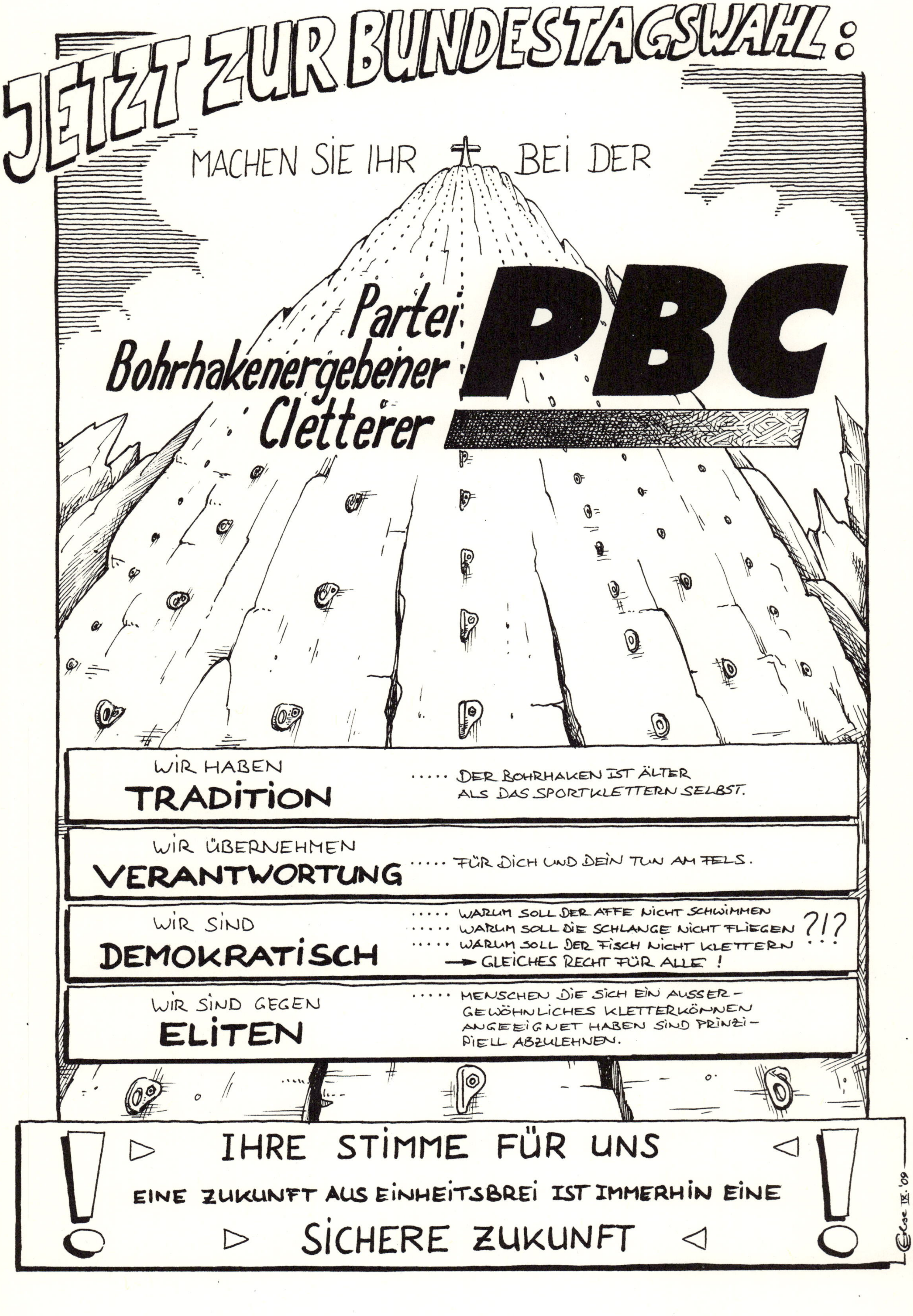
JETZT ZUR BUNDESTAGSWAHL:
MACHEN SIE IHR ✝ BEI DER
Partei Bohrhakenergebener Cletterer
PBC
WIR HABEN TRADITION ..... DER BOHRHAKEN IST ÄLTER ALS DAS SPORTKLETTERN SELBST.
WIR ÜBERNEHMEN VERANTWORTUNG ..... FÜR DICH UND DEIN TUN AM FELS.
WIR SIND DEMOKRATISCH ..... WARUM SOLL DER AFFE NICHT SCHWIMMEN ..... WARUM SOLL DIE SCHLANGE NICHT FLIEGEN ..... WARUM SOLL DER FISCH NICHT KLETTERN ?!?
→ GLEICHES RECHT FÜR ALLE!
WIR SIND GEGEN ELITEN ..... MENSCHEN DIE SICH EIN AUSSERGEWÖHNLICHES KLETTERKÖNNEN ANGEEIGNET HABEN SIND PRINZIPIELL ABZULEHNEN.
! ▷ IHRE STIMME FÜR UNS ◁ !
EINE ZUKUNFT AUS EINHEITSBREI IST IMMERHIN EINE
▷ SICHERE ZUKUNFT ◁

KINDEREIEN...

WAS IST DAS?
TOC TOC
DAS IST EIN KNALLHARTER DYNO!
??
...
WART' MAL
ZUPP
UND WAS IST DAS ?!?
NA ... DAS IST EIN TOTAL COOLER MANTLE!
UND HIER ...
MOMENT!
ICH HAB' NOCH WAS!!
UND WAS IST DAS??
EIN GANZ ABGEFAHRENER SCHLÜSSELZUG!!
DAS IST EIN BLÖDES SPIEL!
DAS IST ÜBERHAUPT NICHT WITZIG!!!
STIMMT.
ICH MUSS ENDLICH UNSEREN BOULDERRAUM BAUEN.

ANZEIGE
GLOBALE ERWÄRMUNG ?
EWIGES EIS AUF DEM RÜCKZUG ??
20°C IM FEBRUAR ?
ALLES KEIN THEMA MEHR !!
MIT DEM
DEEPFREEZE FRIZZZ ULTRA*
BASTELST DU DIR IN SEKUNDEN DEINEN INDIVIDUELLEN EISBOULDER !
* EINE TECHNOLOGISCHE INNOVATION AUS DER ZEIT DES KALTEN KRIEGS !
ES ÖFFNET SICH EIN FELD UNBEGRENZTER MÖGLICHKEITEN :
PAPA KALT ERWISCHT ...
OMA GANZ COOL ...
WALDIS GEFRIERSCHOCK ...
DER MEGASPASS FÜR ALLE EISFREAKS !
JETZT EISKALT BESTELLEN UNTER DER COOLEN HOTLINE !

PICKEL ... SIND JA AUCH SO'N THEMA IN DER VERTIKALEN WELT...
NUN GUT.
ES LÄSST SICH NATÜRLICH DARÜBER STREITEN OB MAN DERGLEICHEN IN ALLER ÖFFENTLICHKEIT AUSDRÜCKEN MUSS...
ABER MAN MACHT HALT SO SEINE BEOBACHTUNGEN, IM VERLAUF DES WINTERS.
DA RENNEN VIELE VON UNS RUM, DIE HABEN PICKEL AM HINTERN:
KEIN PROBLEM SOLANGE MAN SICH NICHT DRAUFSETZT.
ÄTZEND WIRD'S ALLERDINGS BEI PICKELN IM GESICHT:
DAS KANN EINEN SCHON VERUNSTALTEN.
DABEI GIBT ES KOLLEGEN, DIE PFLEGEN EIN GERADEZU INNIGES VERHÄLTNIS ZU IHREN PICKELN:
DIE TEILE SIND ECHT TEUER, JA.
ABER WENN'S UM DIE QUALITÄT MEINER PICKEL GEHT, IST MIR KEIN PREIS ZU HOCH!
UND JEDEN ABEND, DA NEHME ICH DIE TEILE HER UND MACHE DIE TEILE SO RICHTIG SCHARF
!!
??
HE SORRY, ABER DAS SIND JA ECHTE SCHEISGERÄTE, DIE DIR DA AN DER NASE HÄNGEN...
DA SOLLTEST DU ECHT WAS DAGEGEN MACHEN...
UND ES GIBT DAFÜR JA ERPROBTE MITTEL & WEGE. AM BESTEN DU DESINFIZIERST REGELMÄSSIG DIE ENTZÜNDETEN BEREICHE...
... DA TUT ES AUCH DER GIPFELSCHNAPS.
ZUM GLÜCK WÄCHST MAN IM LAUFE DER ZEIT AUS DEM ALTER RAUS, WO DAS THEMA EIN THEMA IST.
... ERST RECHT WENN DANN IRGENDWANN AUCH DER SOMMER ZURÜCKKEHRT
Erbse 08/09

HALLE HEIL ...

XXXL
KLETTERKÄFIG
?!?
ROCKY'S
HIGH
SCHOOL

Hallo Alex,
die Familie wächst, der Hofausbau geht voran.
S'wird Zeit, dass du mal vorbeischaust auf 'nen zünftigen Abend.
Gruß
IS' JA DIE VOLLE PAMPA HIER! HÖHÖ!
OH JA!
JETZT SIEHST DU MAL, WAS WIR IN DEN LETZTEN JAHREN GEMACHT HABEN!
UND HIER...
HIER KOMMT DER BOULDERRAUM 'REIN.
WENN ICH ENDLICH DIE ZEIT FINDE...
MEIN GANZER STOLZ BISHER ABER IST DIE FEUERSTELLE!
IS JA ALLES GANZ PRIMA
ABER INSGESAMT ZIEMLICH WEIT WEG VON DEN FELSEN, ODER?
WANN WARST DU EIGENTLICH DAS LETZTE MAL KLETTERN?
FALSCHE FRAGE!
KEIN KOMMENTAR

ABER WIE GEHT'S DENN DIR?
DU WARST DOCH SICHER GERADE WIEDER UNTERWEGS.
OOOHHHHÖR AUF ...!
ES WAR BODENLOS
MIR TREIBT ES JETZT NOCH DIE SCHAMESRÖTE INS GESICHT.
NOCH NIE BIN ICH SO GEDEMÜTIGT WORDEN.
VERFÜHRT HAT SIE MICH!
DIESES "SUPERWEIB IN STEILER WAND"...
SIE HAT MICH BEI MEINER EITELKEIT GEPACKT...
UND ICH HABE MEINEN EHERNSTEN GRUNDSATZ ÜBER BORD GEWORFEN:
GEHE NIE IN EINE KLETTERHALLE!
BITTE WAS?!?
DU WARST IN 'NER KLETTERHALLE?
VERFÜHRT VON EINER FRAU??
NEE!
DAS WAR GAR KEINE FRAU.
DAS WAR EIN DÄMON.
EINE FRAU DIE SO KLETTERT IST GEDOPED.
ODER ZWITTER!
DIE PRESSE IST JA VOLL VON SOWAS...
FRAUEN HABEN NOCH NIE BESSER GEKLETTERT ALS WIR...
DAS IST GENETISCH.
DAS HAT WAS MIT DER GÖTTLICHEN WELTORDNUNG ZU TUN!
WENN FRAU, DANN BITTE ZUM SICHERN.
OH MANN. WO BIST DU DENN HÄNGENGEBLIEBEN?!?
DAS IST JA WOHL VORBEI, KOLLEGE,
DAS IST DOCH INZWISCHEN EINE KOMPLETT ANDERE NUMMER!
WIE DIE MÄDELS HEUTE UNTERWEGS SIND...
WAS DIE WEGZIEHEN!
DA FÄLLT MIR GERADE EINE EPISODE EIN...
ERST KÜRZLICH ERLEBT:

ENDE EINES KLASSIKERS ...

DAS WAR DER HAMMER!
DAS WAR SO GEIL.
NEE ALEX, VERGISSES
DIE STARKEN FRAUEN SIND NICHT NUR AM KOMMEN
SIE SIND DA!
BAH!
SOLL MICH DAS JETZT BEEIN-DRUCKEN, ODER WAS.
»DIE DAME IN DER WETTKAMPFWAND«... PFF
WAS HAT DAS DENN NOCH MIT ECHTEM KLETTERN ZU TUN ?!?
DAS IST DOCH VOLLKOMMEN KRANK!
DIESE DEGENERIERTEN PLASTIKPÜPPCHEN!!
SCHICK' DIE MAL AN RICHTIGEN FELS!
DANN SIEHST DU MAL, WAS DA NOCH ÜBRIG BLEIBT!!
NANANA...
DU WIRST DOCH NICHT IM ERNST EINE MARIETTA UHDEN Z.B. ALS PLASTIKPÜPPCHEN BEZEICHNEN WOLLEN!
DIE GRANDE DAME DES DEUTSCHEN SPORTKLETTERNS!
MIT ERSTBEGEHUNGEN BIS ZUM 11. GRAD!
ODER EINE JOSUNE BEREZIARTU.
»BAIN DE SANG« 9a
»BIMBA-LUNA« 9a+
UND IN DEN LETZTEN JAHREN DIE HEFTIGSTEN ALPINEN FELS-HÄMMER.
ABER DA SIND WIR JA SCHON WIEDER BEIM THEMA:
IST DIE GEDOPED
ODER ZWITTER?
DU BIST EKELHAFT.
UND WAS IST MIT DER INES PAPERT ?!
UNSERER 4-FACHEN EISPRINZESSIN ?!?
DER 10. GRAD IM ALPINEN GELÄNDE ??
WAR DIE NICHT EBEN ERST WIEDER IM HIMALAYA ?
MIT EINER REINEN FRAUEN-EXPEDITION ?!?
OOHH, KOMM' MIR NICHT MIT DER GESCHICHTE!
DA GEHT DER SCHUSS NACH HINTEN LOS.

DIE STORY HAB' ICH MITGEKRIEGT.
HÖHÖHÖ
GERADEZU DER **BEWEIS**, DASS FRAUEN UND KLETTERN NICHT ZUSAMMEN-PASSEN.
... DA HABEN DIE MÄDELS IN IHRER NORDWAND, IRGENDWO AUF 6000 METER ...
DOCH TATSÄCHLICH IHREN RUCKSACK AUS DER WAND GESCHMISSEN!
DECKEL OFFEN.
KLAR.
DA HAMSE GEGUGGT, DIE PROFIMÄDELS
ICH SAG DIR: SOWAS SITZT AUF DEM ZWEITEN X-CHROMOSOM ...

DU WEISST ABER AUCH, WIE DIE GESCHICHTE WEITERGEGANGEN IST.
DIE HABEN NICHT AUFGEGEBEN!
DIE SIND WACKER WEITERGEKLETTERT!
KUNSTSTÜCK!! WAHRSCHEINLICH WAR'S SOGAR LEICHTER ...
OHNE BEAUTYCASE, MOZARTKUGELN UND LIEBESROMANE!!
VON WEGEN! IM RUCKSACK WAREN VIDEOCAM, FOTOAPPARAT FUNKGERÄT, SAT PHONE RIEGEL, TRINKEN STIRNLAMPE SONNENBRILLE, ERSATZHANDSCHUHE, SPECK ...
ALLES WEG!
UND TROTZDEM WEITERGEMACHT.
DAS WEISS ICH SO GENAU, WEIL PAPERT'S INES DIE DREI BILDER DER LETZTEN SEITE BEI MIR IN AUFTRAG GEGEBEN HAT.
FÜR IHREN VORTRAG ...
HATTE JA KEINE FOTOS ...
DER WAR JA WEG!
HE!
SAG MAL...
DIE GANZE STORY HIER DIENT DOCH NUR DAZU...
DIESE DREI BILDER IM NEUEN COMICBAND UNTERZUBRINGEN!
ODER?
ALEX. DU KÖNNTEST GLATT MEIN MANAGER WERDEN.
ABER EIGENTLICH GEHT'S MIR UM FOLGENDES:
WENN IHR MAL ZWISCHEN ALB UND PFALZ HÄNGENBLEIBT ...
ODER AUF DER A5 GEN SÜDEN NICHT MEHR WEITERKOMMT, –
HEREINSPAZIERT.
HIER GIBT'S EINE SCHEUNE UND EINE FEUERSTELLE.
HÖHÖHÖ
UND IMMER NOCH KEINEN BOULDERRAUM.
Erbse '09

DER NEUE SEILPARTNER ...
SAG' MAL EHRLICH ...
ZU WAS RENNST DU EIGENTLICH DEN GANZEN WINTER IN DIE KLETTERHALLE ? ...
NA, UM DANN IM SOMMER DRAUSSEN AM FELS DIE ERWORBENE FITNESS NICHT UMZUSETZEN ...
EBEN.
NA PRIMA!
DANN SIND WIR UNS JA WIEDER MAL EINIG
AUSSERDEM IST DAS MEIN BERUF !!
SO WAS GEHT NICHT OHNE KONSEQUENTEN EINSATZ!
ALSO, -
... DIE KLEINE BRÜLLT ...
WENN ICH DA NICHT AM BALL BLEIB ...
TSCHÜ - HÜÜS !!

PAPA?
WOHIN GEHST DU?
ICH GEH' IN DIE KLETTERHALLE.
PAPA GEHT TRAI-NIEREN.
ICH KOMME MIT!
ICH GEH' AUCH IN DIE KLETTER-HALLE!
DAS GEHT ABER NICHT.
DU BIST NOCH ZU KLEIN.
DAS WÜRDE DIR GAR KEINEN SPASS MACHEN.
DOCH.
DAS MACHT MIR SPASS!
ICH GEH' MIT DIR KLETTERN!!
!!
?!
Erlu '08

NEULICH AUF DER DM...

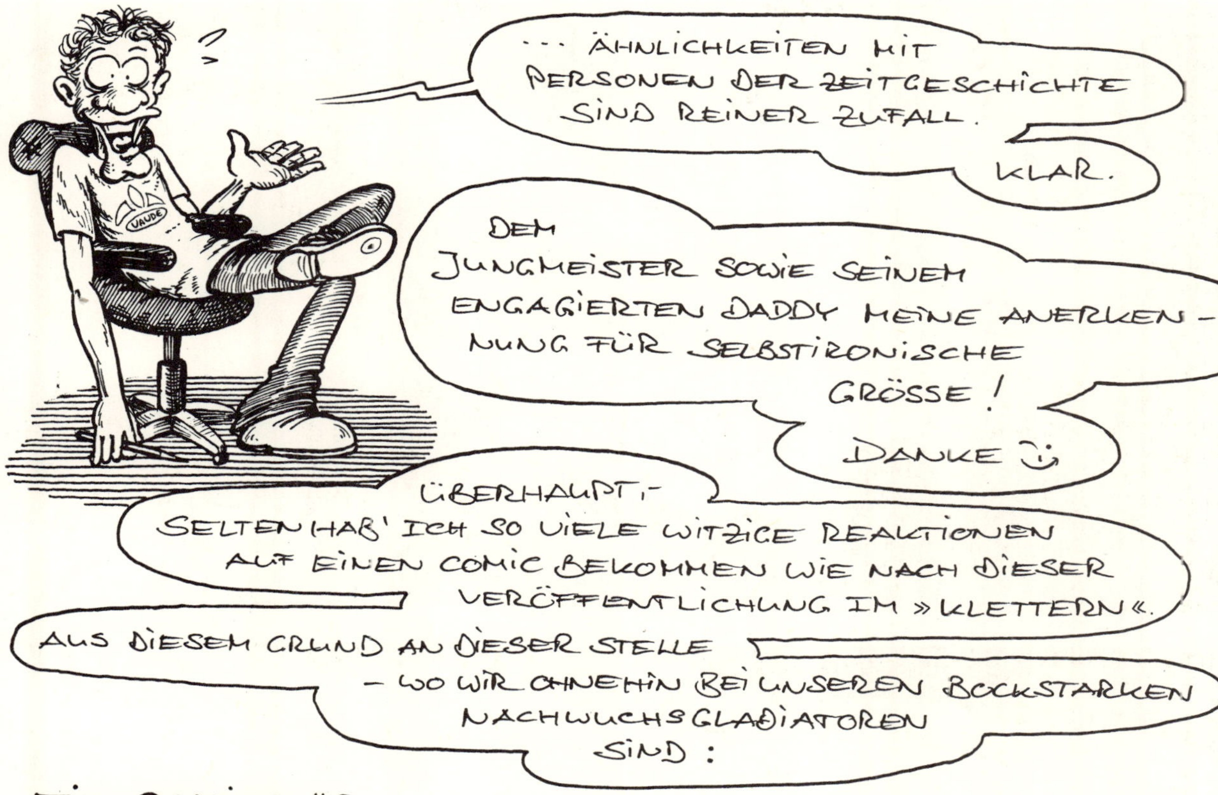

EIN COMIC FÜR

KLETTERBALLETT...
IMMER WIEDER EIN ERLEBNIS...
... HABEN JETZT DIE MÖGLICHKEIT, DIE ROUTEN IN AUGENSCHEIN ZU NEHMEN.
DIE ZEIT IST UM. BITTE SUCHEN SIE DIE ISOLATION AUF.
... DIE OUVERTÜRE ZUM WETTKAMPF!

KORINTHENKACKE . . .
HALT!
DIESER TRITT GEHÖRT NICHT ZUR ROUTE !!
DAS HAM WIR SAUBER DEFINIERT !!
Erbse '03

www.volltrauf.de

Volltrauf

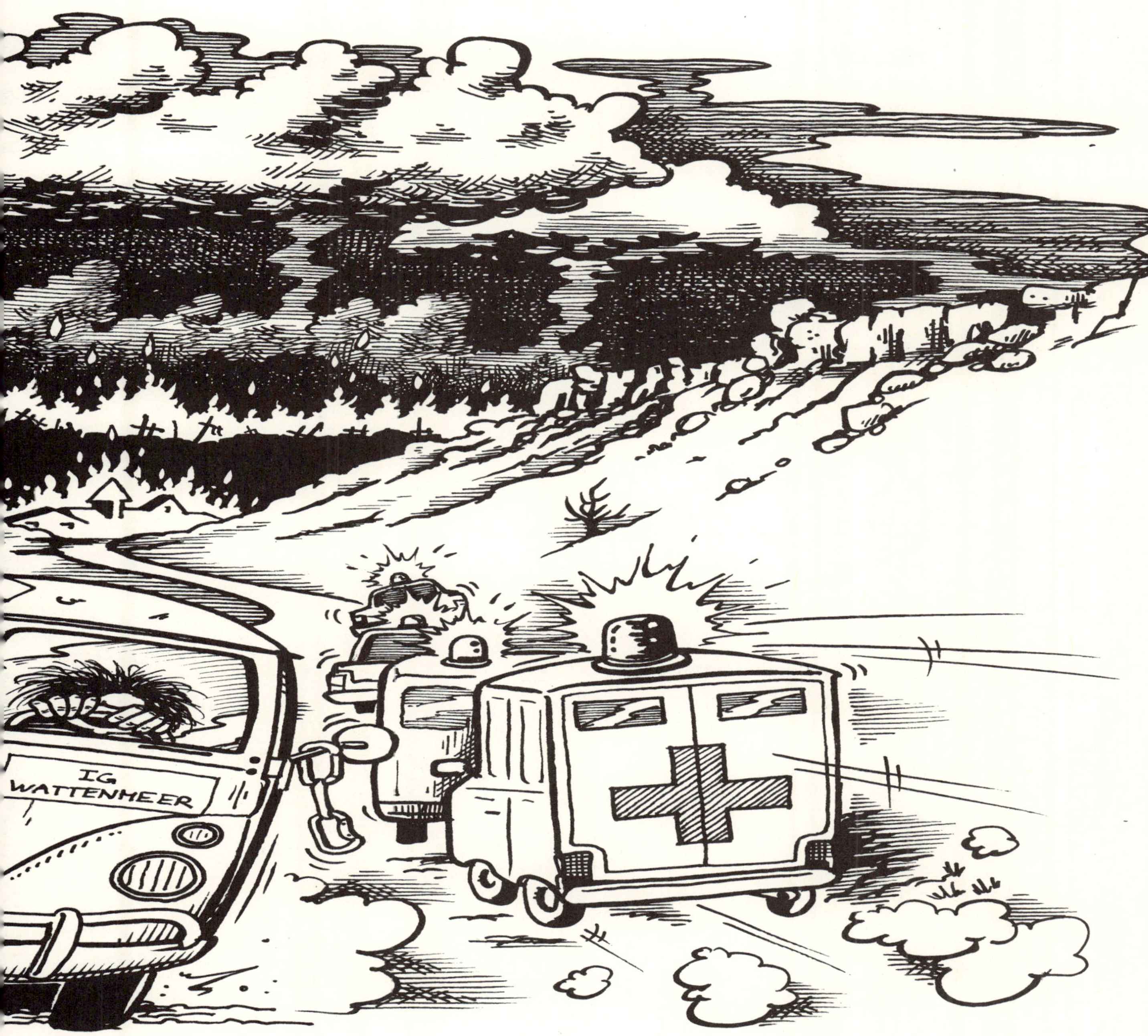
IG WATTENMEER

SOLO ...
„(...) die Chance, sich aus mancher eingebildeten Abhängigkeit zu lösen, die eigene Stärke neu zu definieren“
„(...) die peferkte Harmonie zwischen Körper und Geist(...)“
„Du bist vollkommen in die Konzentration vertieft und genießt die totale Aktivierung, du erlebst dich und sonst alles so aktiv wie sonst nie“
„(...) die Fähigkeit, sich in objektiv gefährlichen Situationen subjektiv sicher zu bewegen“
ALS ERNSTHAFTER KLETTERER KOMMST DU AN DIESEM THEMA EINFACH NICHT VORBEI ...
(Zitate Wolfgang Güllich)
... UND DESHALB HAB' AUCH ICH SEINERZEIT MEINE SEELISCHEN TIEFEN AUSGELOTET !
UND ZWAR HIER, AN MEINEM "ALTEN HONAUERTURMWEG"
EIN VIERER ...
AN SOWAS MUSS MAN SICH SERIÖS HERANTASTEN.

Einbahnstraße
OHNO ... NEVER !
OH GOTT OH GOTT
!!

OHO...
rrrrr
WELCH SELTSAM VIBRIEREN ERFASST MICH ?!?
DAS ISSN ERDBEBEN...!
ODER BIN DAS ICH ?!?
VIELLEICHT STEIG' ICH DOCH BESSER WIEDER AB...
OH GOTT OH GOTT O
H GOTT OH GOTT
ZWEIFELLOS. DAS IST EINE PRÄGENDE ERFAHRUNG.
...SOLLTE JEDER MAL MACHEN...
UND MAN SOLLTE EINE ERSATZHOSE DABEI HABEN!

KARTENSPIEL...
WIR LEBEN IN EINER HÖCHST BEDENKLICHEN ZEIT !!
UNSERER JUGEND MANGELT ES AN GRUNDLEGENDER ORIENTIERUNG !!
ÄH ... WIE WAR DAS JETZT NOCHMAL ?!
IST DOCH KLAR: WIR MÜSSEN DAS TEIL EINNORDEN !
... UND WO SOLLEN JETZT DA DIE BEKNACKTEN FELSEN SEIN ?!?
DU ...
ICH BLICK' DA GAR NIX !

»IM WESTEN GEHT DIE SONNE AUF, NACH OSTEN NIMMT SIE IHREN LAUF!« ... UND DAZWISCHEN GEGENÜBER LIEGT NORDEN.
LOGISCH.
ALSO SO RUM?...
STIMMT DAS JETZT?!?
ODER SO!
FLAPP
RASCHEL
KOMM, VERGISSES! WIR FAHREN IN DIE KLETTERHALLE. MEIN **NAVI** WEISS, WO'S LANGGEHT...

KING LINES
... AND I SAY: WOAH ... I KNEW A LINE FOR YOU ...
THE ARCH!
WHEN HE LOOK HE'S FALL IN LOVE OF THE ARCH ...
HE SAY: NO NO, MIGUEL, IT'S POSSIBLE!
... I LOOK ... I DON'T BELIEVE.
YOU'RE IN YOUR OWN WORLD ...
JUST BEING TOTALLY OBSESSED ...
IT SEEMS LIKE THAT'S THE ONLY THING THAT EXISTS ...
THAT'S THE KINGLEIN*
*deu. dimin. = KLEINER KÖNIG

HALLELUJA
ALSO WENN EINE SPIEL-ART DES KLETTERNS DEN INNOVATIONSPREIS VERDIENT . . .
DANN IST ES DAS DWSELN !!!
DAS KICKT MICH TOTAL
DAS IST DAS BESTE SEIT JAHREN !
ABER MALLE IST WEIT . . .
UND ICH HAB NOCH NICHT MAL EINEN BOULDERRAUM . . .

Deep Water Soloing ...
... ist doch der totale Hammer!
Maximale Heraus-forderung
Aber nicht wirklich gefährlich!
Zupf
Zumindest meistens...
Flupp
Zumindest manchmal...
Plotz
Erlse '06

PSYCHO...
PLOC
!!
PSYCOBLOC.-
DAS IS' WENN DU LÄNGER FLIEGST ALS KLETTERST!
KA-LUMPP
Calre I '07

DEEP WATER SOLOING IST MAGISCH !!
ES IST EIN REGELMÄßIGES EIN-TAUCHEN IN EINE ANDERE DIMENSION ...
AUF EINMAL IST ALLES ANDERS ...
DU ERLEBST DICH WIE IN ZEITLUPE ...
... ALLES FLIEßT ...
DIE SCHWER-KRAFT SCHEINT AUFGE-HOBEN ...
UND DU MACHST ZÜGE ...
WIE DU SIE NOCH NIE GEMACHT HAST !!
DABEI BLEIBT DIR REGELMÄßIG DIE LUFT WEG ...
DESWEGEN MUSS MAN IRGENDWANN ZURÜCK AN DIE OBERFLÄCHE ...

WIE MA DES HOASST WOS WIA DO MOCHN ?!?
NA, SHORTFIXING !
DES SIAGT MA DOCH !
Erler '08

AM LIMIT?!?
RRRRRAAAAHHRRZZZ
HAIIAIIAIII
WOSSCHH
PFFHOOOH... WIR WERDEN IMMER BESSER!
JA. WIR MACHEN JETZT DOCH WEITER MIM NASENBRECHEN...
ALSO, DEN SPEEDREKORD DER "NOSE" BRECHEN...
WIR HABEN SCHLIESSLICH BEGRIFFEN: DAS MUSS NOCH VIEL VIEL SCHNELLER GEHEN!!
JA. NÄMLICH WEGEN DER SOMMERZEIT!
WENN WIR UNTER EINER STUNDE BLEIBEN, WÄHREND SIE DIE UHR ZURÜCKSTELLEN, DANN SIND WIR DE FACTO SCHNELLER ALS DIE ZEIT!!
JA. UND WENN MAN ERST EINMAL SCHNELLER ALS DIE ZEIT IST, DANN KRÜMMT SICH JA BEKANNTERMAßEN DER RAUM.
DER ALEXANDER WEISS DAS, DER IST PHYSIKER!
DAS BEDEUTET: DER EL CAP LEGT SICH FLACH. UND DANN KÖNNEN WIR JEDE ROUTE HOCHRENNEN! SEILFREI!! EINFACH SO!!!
DANN SIND WIR NOCH SCHNELLER...
UND ENDGÜLTIG
JENSEITS VOM LIMIT!

OHO!...
WAS IST DENN LOS?
DA ISSN TOTER VOGEL!
HALT!
RÜHR'N SIE SICH NICHT VON DER STELLE!!
ACH DU SCHEISSE...
WIR HAM DOCH GARNIX GE-MACHT!
???
??!
DAS VIEH WAR SCHON TOT, ICH SCHWÖR'S!
AAAAHHH...
DA HAMSE ABER NOCHMAL GLÜCK GEHABT, MEINE HERREN... DIE TESTS SIND ALLE NE-GATIV. SIE KÖNNEN NACH HAUSE GEHEN.
VOGELGRIPPE... ACH SO!!
KLETTERN IST UND BLEIBT HALT RISIKOSPORT...
UNIVERSITÄTS KLINIKUM

MENTALE SCHUBKRAFT ...
DAS GEHT NIE !!
?!?
WAS HEISST DA: "DAS GEHT NIE"?!?
HE, SO DARFST DU DA NIEMALS DRANGEHEN!
NATÜRLICH GEHT DAS. DU MUSST ES WOLLEN! DU MUSST ES GLAUBEN MIT JEDER EINZELNEN FASER DEINES KÖRPERS. ES GEHT! DU KANNST ES! DU WEISST ES!!
ES GIBT KEIN VORHER, KEIN NACHHER, NUR DAS HIER UND JETZT.
ALLES FOKUSSIERT AUF EINEN PUNKT, DAS UNIVERSUM IST IN DIR ...
DU BIST JETZT GE- SPANNT WIE EINE STAHLFEDER, WIE DER PANTHER ZUM SPRUNG ...
DIE SPANNUNG STEIGT UND DU EX-
PLODIERST IN EINEM SCHREI
JAAAA!

ECHT CLEVER...
FLAPP
HUNGRR...
PLOTZ
GRRR
HE... ALTER... KANN ICH DIR MAL'N TIP GEBEN?...
KLAR!
MACH DICH MAL LOCKER UND HAU DICH ZU UNS!
INZWISCHEN DREHT SICH DIE ERDE WEITER...
...UND BIS IN 'N PAAR STUNDEN IST DEIN KNACKIGER ÜBER-HANG NUR NOCH 'NE POPELIGE REI-BUNGSPLATTE ...
WOW...
AUF SOWAS MUSS MAN ERSTMAL KOMMEN!
IX/06

DER STRESSER ...

HEIEIEI ... OPTIMAL SIND DIE BEDINGUNGEN ABER HEUTE NICHT ...
DER FELS SCHMIERT TOTAL ...
UND WENN DU ...
NEIN NEIN NEIN!
RED' MIR JETZT BITTE NICHT HINEIN!
ICH MUSS MICH GANZ DIESER SACHE WIDMEN ...
CLIPP
DU BRAUCHST GAR NICHT SO KOMISCH ZU GUCKEN. DAS IST NORMAL!! DAS IST MITTLERWEILE STANDARD!!!
DU GLAUBST DOCH NICHT, DASS EIN ONDRA ODER EIN SHARMA DAS ANDERS MACHT!!!!
ICH GUCK GARNICHT. ICH MEIN' NUR ...
RUHE!
KEIN MENSCH REDET VON DIR!
ICH MEINE DIE NASE, DIE SICH GERADE IN DIESEN COMIC STECKT!
ZUPP

SCHEISSE!!
SCHEISSE!!
SCHEISSE !!!
DAS IS ABER AUCH EIN SCHEISSMOVE!!
BAUERN-KLETTEREI!
HÄNG' DOCH ...
DAS IS' EIGENTLICH TOTAL BILLIG!
ICH HAB' EINFACH ZU STARKE FINGER FÜR DIESES WIXX LOCH!!
JA WAS DENN!?!
ICH MEIN', HÄNG' DOCH ERST-MAL DIE SCHLINGEN EIN ...
UND DANN GEH' MAL ENTSPANNT DRANN ...
ACHCHH!
WAS VERSTEHST DU DENN VON MEINEN TAKTISCHEN KONZEPTEN!
... DER SCHUH.
DA KRIEGST DU AUCH KEIN' DRUCK DRAUF!!
DIE KÖNNEN HEUTE AUCH KEINE BISSIGEN MODELLE MEHR BAUEN!
AAACH SCHEISSEE
OK.
SCHMEISS' MIR MAL DIE "SPECIAL-EXE" HOCH ...
NUN MACH' SCHON!
ICH FINDSE NICHT ...
SAG' BLOSS DU HAST SIE NICHT EIN-GEPACKT ?!? ...

MACHST DU DAS MIT ABSICHT ?!?
DAS IST DOCH SABOTAGE!
VIELLEICHT IST SIE NOCH IM AUTO? ...
NA DANN ABER FLOTT!
JETZT KANNST DU SCHAUEN, DASS DU SIE ZÜGIG DAHER-BRINGST!
DA IST SIE DOCH!
HNNGRUMMBRUMMEL DAHASSUABERNOCH MALGLÜCKGEHABT ...
WIE SOLL MAN DENN BITTE UNTER SOLCH-EN BEDINGUNGEN HÖCHSTLEISTUNG BRINGEN ?!?
POPEL
ARGHH.
HNNGRRR..
ACH SCHE
LASS MICH AB.
LASS MICH SOFORT AB!!
DU SICHERST ABER AUCH KREUZ-BESCHISSEN HEUTE!!!
UND LASS BLOSS DEN STRICK HÄNGEN!
DER SCHEISSEINSTIEG.
FLAPP
DAS GILT!
...DEN HAB' ICH IM LETZTEN JAHR SOWIESO SCHON ZIG MAL GEKLETTERT!

AAH!
DASS WIR MAL WIEDER ZUSAMMEN LOSZIEHEN
S'WIRD ZEIT, DASS DICH JEMAND MAL AUS DEINER DAUERBABYPAUSE HERAUSHOLT!
WOHL WAHR!
DU DARFST HALT NIX ERWARTEN ...
SO WIE DU MITTLERWEILE UNTERWEGS BIST ...
ABER ICH SICHER' DICH GERNE!
JAJA
JETZT LASS UNS MAL SCHAUEN ...
SCHEISSE
SCHEISSE
SCHEISSE
??
ICH SAG' DIR WAS: DAS LIEGT AN DEINEM FRÜHSTÜCK!
...
JAWOLL !!!
DER GANZE SCHEISS LIEGT MIR TOTAL SCHWER IM MAGEN.
ICH FÜHL' MICH WIE 'NE PRESSWURST!!
ABER HALLO!
DIE KLETTERWELT IST DOCH EIN DORF, - WEN HABEN WIR DENN DA?!
ÖFTER MAL WAS NEUES!

AUCH DAS NOCH ... DER HOBBYKLETTERER ...
DER STRESSER! ...
DU BIST ABER AUCH GANZ SCHÖN ALT GEWORDEN SEIT DAMALS IN BAND II ...
ACH JAAA?!
ICH KLETTER' ZUMINDEST NOCH HART!
DER HERR COMICHANSWURST MACHT JA NUR NOCH KINDER!
PASS MAL AUF MEIN FREUND ... ICH ZEICHNE SCHLIESSLICH VERANTWORTLICH FÜR DIESE STORRY.
ICH KENN' DEIN PROJEKT!
UND WENN ICH WILL ZEICHNE ICH HIER AUF DER STELLE MEINE ERSTBEGEHUNG.
ONSIGHT.
WIIIE?
GACKERGACKERGACKER
DAS MACHST DU NICHT!!
DAS GLAUBT DIR KEIN MENSCH!
GUT
ABER DU HAST BESTIMMT NIX DAGEGEN WENN ICH MAL EINSTEIG!
HE, DAS IS' ÜBERHAUPT DIE IDEE: PARTNERTAUSCH!!
DIE GROSSMEISTER DÜRFEN KLETTERGESCHICHTE SCHREIBEN UND WIR NORMALSTERBLICHEN MACHEN UNS EINEN GANZ ENTSPANNTEN KLETTERTAG!!
BIST DU GANZ SICHER, DASS DU DAS WILLST? ...
JEP!
PASS AUF, DAS GEHT GLEICH VOLL LOS, - SCHON DER EINSTIEG IST ABSOLUTE EXTRAKLASSE. HARDCORE VOM FEINSTEN!! GANZ ENTSCHEIDEND IST, WIE DU DAS FINGERLOCH DA RECHTS OBEN SAUBER EINSORTIERST. ICH HAB' DA JA FAST ZU STARKE FINGER DAFÜR. ABER WENN ICH ...
LASS MICH EINFACH MAL MACHEN, KOLLEGE.

SOOOH,
DER OMINÖSE FREMDE BRAUCHT KEINE TIPPS ...
CLIPP!
???
NEE...
DER BRAUCHT KEINE TIPPS.
ÖÖH... WIE HAST DU DENN DAS FINGERLOCH GENOMMEN?
ALS HANDKLEMMER.
AHA...
UND? IS' SCHON 8C, ODER?
N'SOLIDER, GUTGÄNGIGER ZEHNER.
AHA
NA, - ENDLICH MAL SOWAS WIE 'N GEGNER!
HIER GIBT'S JA SOVIELE MARKSTEINE VON MIR!
DIE WIRST DU JETZT ALLE MACHEN!
ONSIGHT!
DAS PACKST DU DOCH LOCKER! HÄ?
... HAB' ICH DAMALS...
BLUBBERSABBER
MUSST DU UNBEDINGT...
WIRST DU SEHEN...
9A!
8b
BLABLA
DIE GEILSTE LINIE...
8c
VÖLLIG AB-GEFAHREN
BLUBB
DAS BESTE HIER...
WILL ICH SEHEN WIE DU...
8c+
BIN ICH GESPANNT OB...
ONSAIT
SABBER
GIBT'S HIER IRGENDWO 'NEN SCHÖNEN DREIER IM TOPROPE?

REIBEREIEN...
?!?
!!
!!
?!

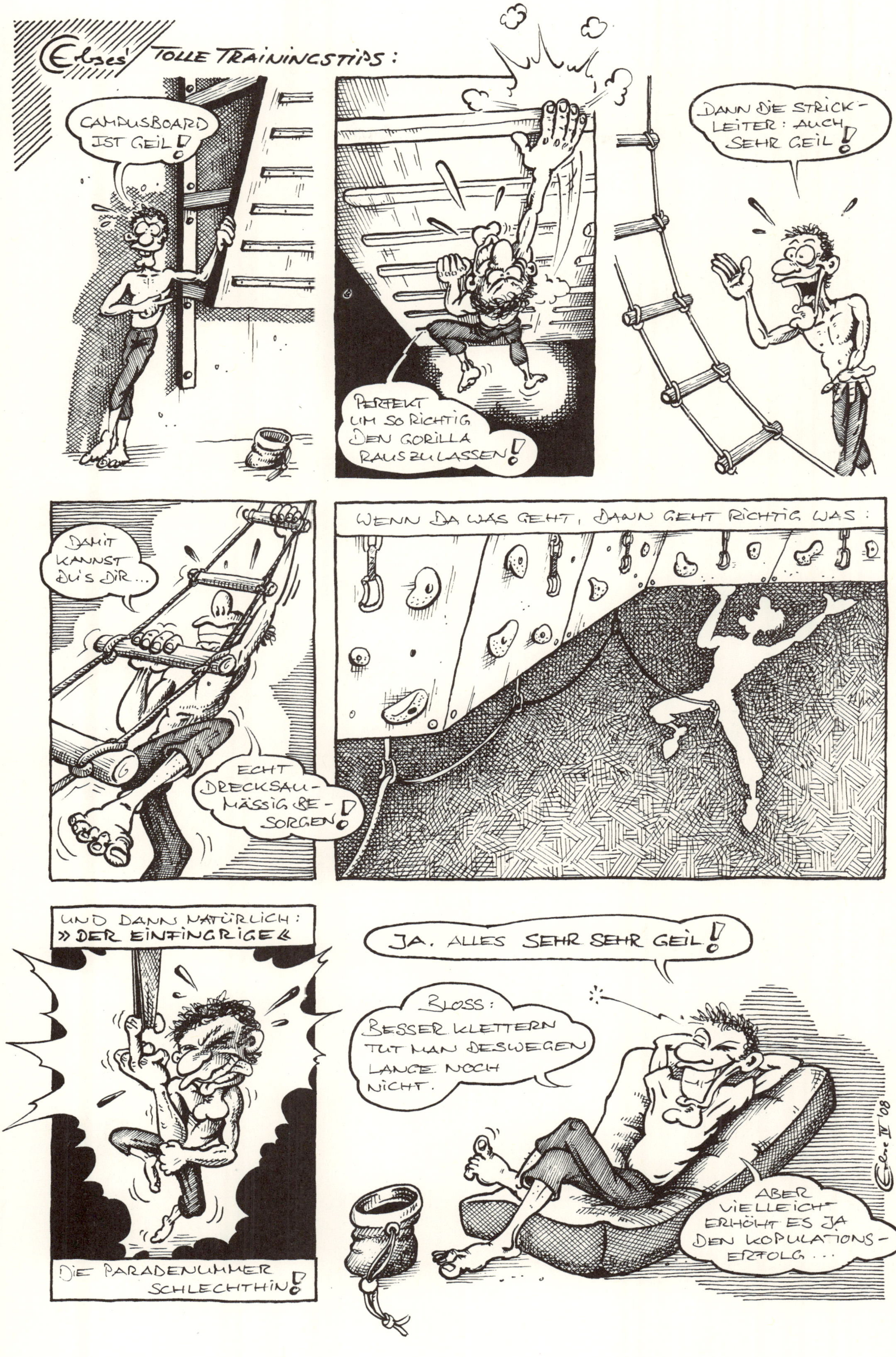

ELSES' TOLLE TRAININGSTIPS:
CAMPUSBOARD IST GEIL!
PERFEKT UM SO RICHTIG DEN GORILLA RAUSZULASSEN!
DANN DIE STRICKLEITER: AUCH SEHR GEIL!
DAMIT KANNST DU'S DIR...
ECHT DRECKSAUMÄSSIG BESORGEN!
WENN DA WAS GEHT, DANN GEHT RICHTIG WAS:
UND DANN NATÜRLICH: »DER EINFINGRIGE«
DIE PARADENUMMER SCHLECHTHIN!
JA. ALLES SEHR SEHR GEIL!
BLOSS: BESSER KLETTERN TUT MAN DESWEGEN LANGE NOCH NICHT.
ABER VIELLEICHT ERHÖHT ES JA DEN KOPULATIONSERFOLG...
Else IV '08

Je höher die klettertechnischen Schwierigkeiten werden, desto mehr bestimmt die Schmerztoleranz die Leistung. Winzige Kanten, raue, scharfe Einfingerlöcher oder scharfkantige Fingerrisse drücken ihre schmerzhaften Stempel in die Fingerspitzen, die zu den empfindlichsten Tastorganen des Menschen zählen. (...) Ähnlich wie bei der Angst lenkt auch das Signal „Schmerz" allzu leicht vom kreativen Denken auf der Suche nach der optimalen Bewegungswahl ab.

(Güllich/Kubin 1989)

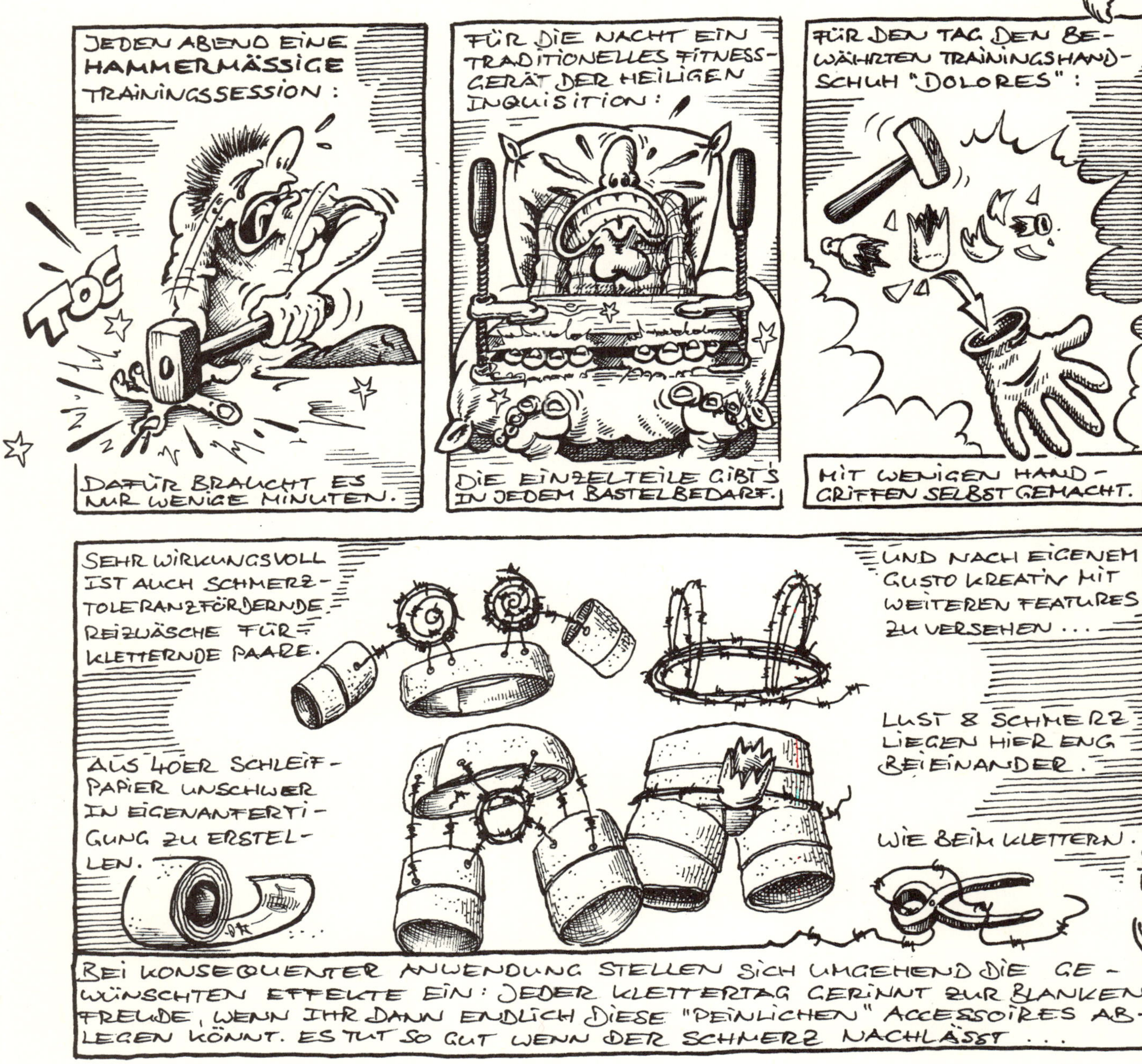

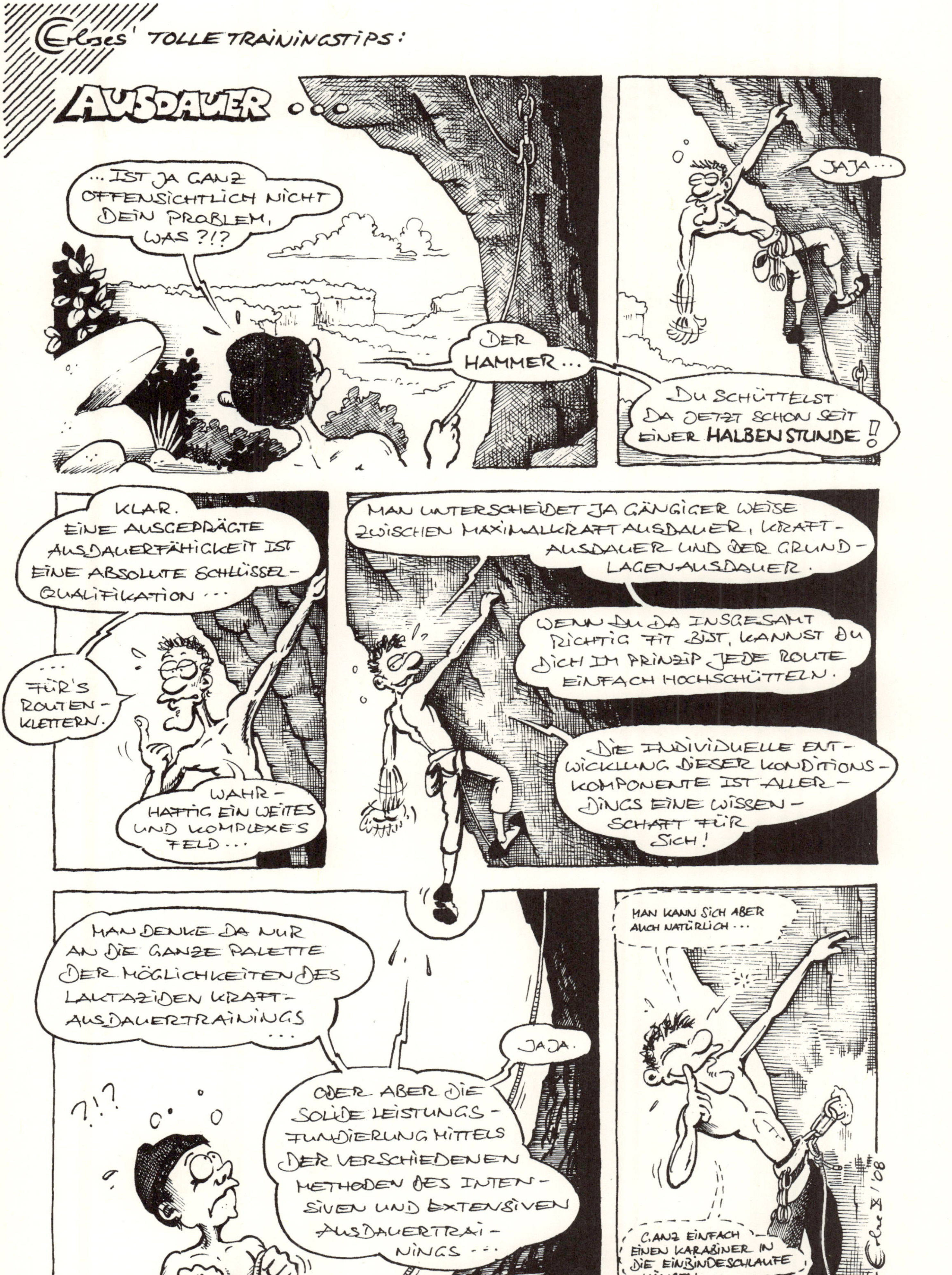Erbses' TOLLE TRAININGSTIPS:
AUSDAUER ...
... IST JA GANZ OFFENSICHTLICH NICHT DEIN PROBLEM, WAS ?!?
DER HAMMER ...
DU SCHÜTTELST DA JETZT SCHON SEIT EINER HALBEN STUNDE !
JAJA ...
KLAR. EINE AUSGEPRÄGTE AUSDAUERFÄHIGKEIT IST EINE ABSOLUTE SCHLÜSSELQUALIFIKATION ...
... FÜR'S ROUTENKLETTERN.
WAHRHAFTIG EIN WEITES UND KOMPLEXES FELD ...
MAN UNTERSCHEIDET JA GÄNGIGER WEISE ZWISCHEN MAXIMALKRAFTAUSDAUER, KRAFTAUSDAUER UND DER GRUNDLAGENAUSDAUER.
WENN DU DA INSGESAMT RICHTIG FIT BIST, KANNST DU DICH IM PRINZIP JEDE ROUTE EINFACH HOCHSCHÜTTELN.
DIE INDIVIDUELLE ENTWICKLUNG DIESER KONDITIONSKOMPONENTE IST ALLERDINGS EINE WISSENSCHAFT FÜR SICH!
MAN DENKE DA NUR AN DIE GANZE PALETTE DER MÖGLICHKEITEN DES LAKTAZIDEN KRAFTAUSDAUERTRAININGS ...
JAJA.
ODER ABER DIE SOLIDE LEISTUNGSFUNDIERUNG MITTELS DER VERSCHIEDENEN METHODEN DES INTENSIVEN UND EXTENSIVEN AUSDAUERTRAININGS ...
?!?
MAN KANN SICH ABER AUCH NATÜRLICH ...
GANZ EINFACH EINEN KARABINER IN DIE EINBINDESCHLAUFE HÄNGEN ...
Erbse X/08

WWW
WAS WÄREN WIR WOHL
OHNE DIE SEGNUNGEN DER SCHÖNEN NEUEN IT-WELT?!?
NENE!
ALSO
KLETTERN OHNE INTERNET, - DAS KANN ICH MIR HEUTE GAR NICHT MEHR VORSTELLEN!
ES FING AN MIT DEN GANZEN INFOS & SERVICES RUND UM DIE FELSEN:
FREI AUF'S HANDY.
DAS WAR SO GEIL, - DA BIN ICH KAUM MEHR ZUM KLETTERN SELBST GEKOMMEN...
UND WENN DIR ERSTMAL EIN MP3 FILE DEINE MOVES VORSAGT,
STEIGT DAS PERSÖNLICHE ON-SIGHT-NIVEAU SPONTAN UND SPRUNGHAFT!
ABER IRGENDWANN BIN ICH AUCH DA AN MEINE GRENZEN GESTOSSEN.
ALSO HAB' ICH ENTSPRECHEND AUFGERÜSTET UND DEN END-GÜLTIGEN SCHRITT VOLLZOGEN:

DAS HAT NATÜRLICH DER FORM GESCHADET, KLAR.
ABER MACHT NIX!
DAS NETZ HILFT!!
WENN MAN DIE RICHTIGEN SEITEN KENNT, KOMMT MAN JA AN ALLE, ALLE INFOS ...
ZU JEDEM EINZELNEN ZUG IN JEDER EIN-ZELNEN ROUTE!
INKLUSIVE VIDEODOKU-MENTATIONEN AUS ALLEN PERSPEKTIVEN!
KLETTERN IM CYBERSPACE!
CHOOSE YOUR WAY,
SECOND LIFE, NO LIMITS,
NICHTS IST MEHR UNMÖG-LICH...
ICH GLAUB, ICH WAR NOCH NIE SO FREI!!...

ZWEIMAL ZEHN...
NA, MEISTER ?!?
DEN WINTER ÜBER WACKER TRAINIERT ?
JA KLAR.
UND ICH HAB' MEIN TRAININGSZIEL VOLL ERREICHT.
SOOO?
WAS HATTEST DU DIR DENN VORGENOMMEN ?
ZWEI ZEHNER!
DAS WAR DIE VORGABE! DAS WOLLTE ICH IN DIESEM WINTER UNBEDINGT SCHAFFEN ...
ÖÖH ...
UND DAS HAST DU GEPACKT ... ?!?
JEP!
HEUTE HAB ICH DAS ZU ENDE GEBRACHT:
10er-Karte
10er-Karte Klettern
die kletterarena
Erbse I '08

GUTE NACHT ...

ES WAREN EINMAL EIN KLEINER JUNGE UND EIN KLEINES MÄDCHEN ...
DENEN HATTE IHR PAPA EINEN GAAANZ TOLLEN BOULDERRAUM GEBAUT.
ES WAR DER LIEBLINGS-PLATZ VON DEN BEIDEN.
IN DEM RAUM KONNTEN SIE NÄMLICH ZAUBERN UND WURDEN GAAANZ STARK!!
NOCH STÄRKER ALS PIPI LANGSTRUMPF!!
DESWEGEN KONNTEN SIE KLETTERN WIE DIE AFFEN IM DSCHUNGEL ...
UND SIE FÜHLTEN SICH DABEI SCHWERELOS WIE DIE VÖGEL ...
UND ALS SIE AUS IHREM ZAUBERZIMMER HINAUS IN DIE WELT TRATEN ...
WAREN SIE DIE BESTEN KLETTERER DER WELT!!
UND ADAM ONDRA FRAGTE SIE, WIE MAN 9A ONSIGHT KLETTERT ...
MAN, PAPA!
... IMMER DIE GLEICHE GESCHICHTE!
DIE IS' SOOO LANG-WEILIG !!!
DU EH NIST BOLDARAUM BAUZT !!!

Klettergarten EDEN
Charakter: Just the place to be...
Zugang: Vom Parkplatz die Hirnwindungen absteigend in wenigen Minuten zum Einstieg.
Fels A
1 Aus dem Rahmen 10/10+
nee, kannst du nicht sehen, - liegt nicht mehr im Bildausschnitt
2 Contergandach 8+
Athletisch und steil. Ab 1.80 ausreichend gesichert
3 Krampfkante 7+/8-
Ohne Technik, nur mit Kampf, wird der Kantenkampf zum Krampf..
4 Traumverschneidung 5
Verschneidungstraum. Klassisch. Keile.
5 Loch im Himmel 7
...is' immer was drinnen. Einfach
reingreifen. Ansonsten gut.
6 Heiliger Rauch
Herrliche Linie! Oben heikel, aufmerk
Sichern!
7 Reinhard Karl Gedächtnis Weg
Da blieb sogar R.K. das Ged. weg. Desweg
immer onsight. Der 1. Weg im Gebiet.
8 Nektar & Ambrosia 6
Gute Linie in nicht immer ganz festem Gestein.
9 Himmelsleiter 9

IG KLETTE
VAUDE
kletter comics .de
Eric '08

NR 3 ...

KLAPP
ICH BIN FERTIG !!!
... UND ICH HAB'S MIR VERKNIFFEN.
WAS ?
WAS FERTIG ?
NA, NACHWUCHS NR. 3 ZUM ABSCHLIESSENDEN COMIC ZU MACHEN !!
FERTIG BOLDARAUM ??
NEEE !
DER PAPA IST FERTIG
... MIT SEINEM NEUEN KLETTERCOMIC-BAND !!
WIE SOLL ER EIGENTLICH HEISSEN ?
WER ? NACHWUCHS NR. 3 ?
NEIN.
DER NEUE COMIC BAND.

SO SOLL ES SEIN:
HEUTE IST MEIN TAG!
PERFEKTE FORM
PERFEKTER FELS
PERFEKTES WETTER
... UND ICH REISS' MEINE ROUTE NIEDER!
VOLLGAS VORWÄRTS
VOLL SCHUB NACH VORN
HAKENABSTÄNDE?!?
SCHEISSEGAL!!
ICH WILL DA HOCH!?
KLETTERN IST GEIL!!
SO IST ES MEISTENS:
HEUTE IST EIN TAG ...
DURCHFALL
SCHEISSFELS
S'SCHIFFT EH' GLEICH
DIE ROUTE DRÄUT ÜBER MIR WIE DIE GÖTTERDÄMMERUNG ...
ERSTES ZIEL:
ERSTER HAKEN
UND SCHON GEHT ES WIEDER LOS ...
DIESES PEINLICHE
ETAPPENGESTÖPSEL
NÄCHSTES ZIEL:
NÄCHSTER HAKEN ... DIE NÄCHSTE INSEL!
JESSES ...
DAZWISCHEN DER BLANKE HORROR ...
NACH DEM CLIPP STELLT SICH SO ETWAS
WIE »WOHLTUENDE ENTKRAMPFUNG« EIN

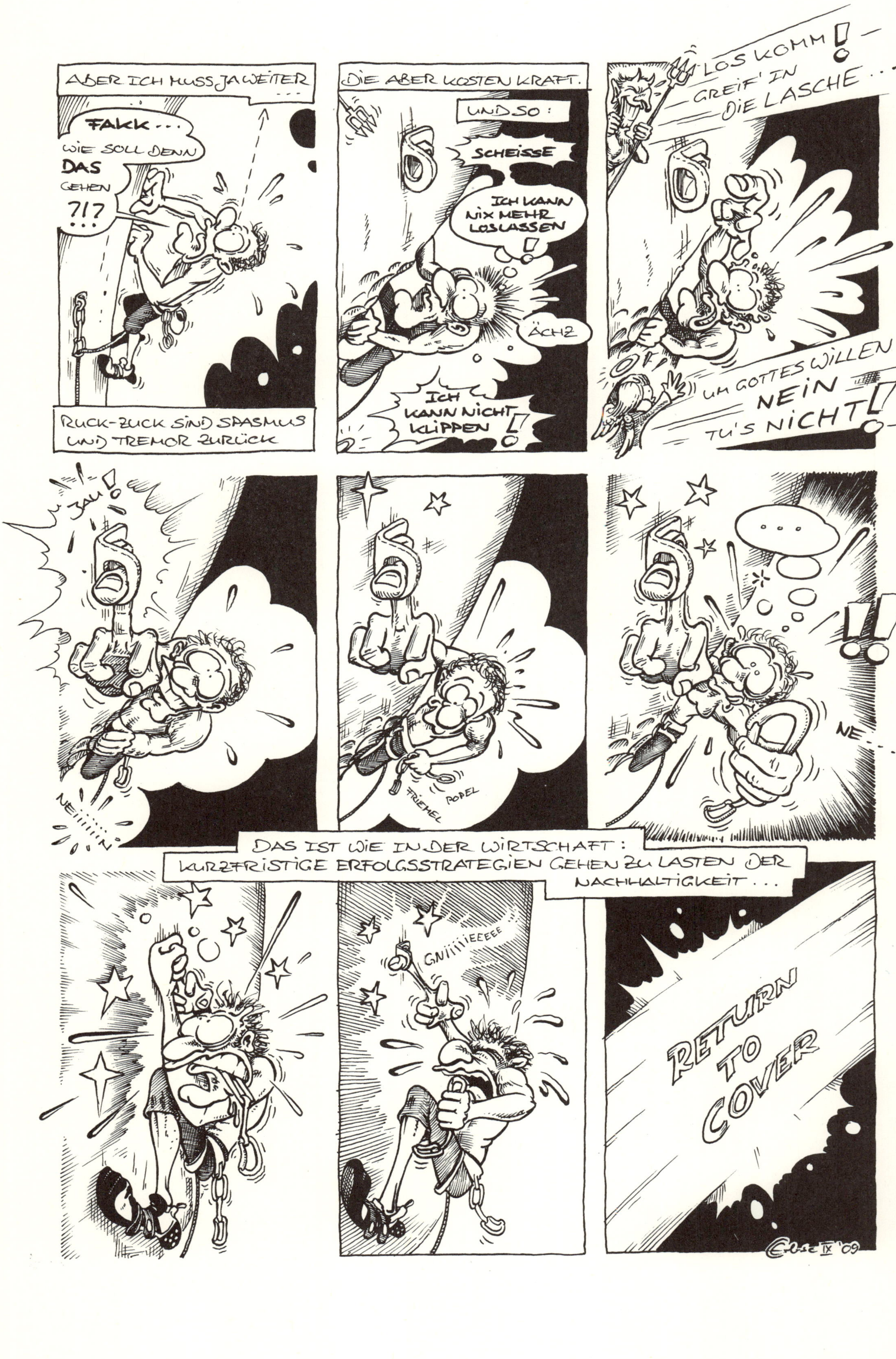

ABER ICH MUSS JA WEITER ...
FAKK ... WIE SOLL DENN DAS GEHEN ?!? ...
RUCK-ZUCK SIND SPASMUS UND TREMOR ZURÜCK
DIE ABER KOSTEN KRAFT.
UND SO:
SCHEISSE
ICH KANN NIX MEHR LOSLASSEN !
ÄCHZ
ICH KANN NICHT KLIPPEN !
LOS KOMM ! GREIF' IN DIE LASCHE ...
UM GOTTES WILLEN NEIN TU'S NICHT !
JAU !
NE........N
FRIEMEL
POPEL
...
NE ...
!!
DAS IST WIE IN DER WIRTSCHAFT: KURZFRISTIGE ERFOLGSSTRATEGIEN GEHEN ZU LASTEN DER NACHHALTIGKEIT ...
GNIIIIIEEEEE
RETURN TO COVER

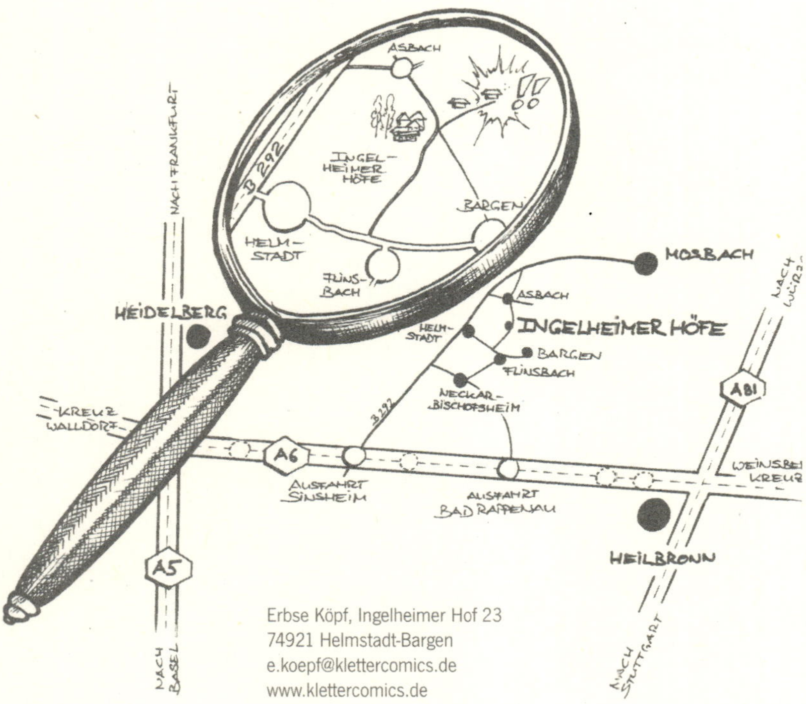

Erbse Köpf, Ingelheimer Hof 23
74921 Helmstadt-Bargen
e.koepf@klettercomics.de
www.klettercomics.de